Impressum
Verlag: BABADADA GmbH, Nedderfeld 112 , 22529 Hamburg
Geschäftsführer / Verlagsleitung: Harald Hof
Druck: Books on Demand GmbH, In de Tarpen 42, 22848 Norderstedt

Imprint
Publisher: BABADADA GmbH, Nedderfeld 112 , 22529 Hamburg, Germany
Managing Director / Publishing direction: Harald Hof
Print: Books on Demand GmbH, In de Tarpen 42, 22848 Norderstedt, Germany

школа

escola

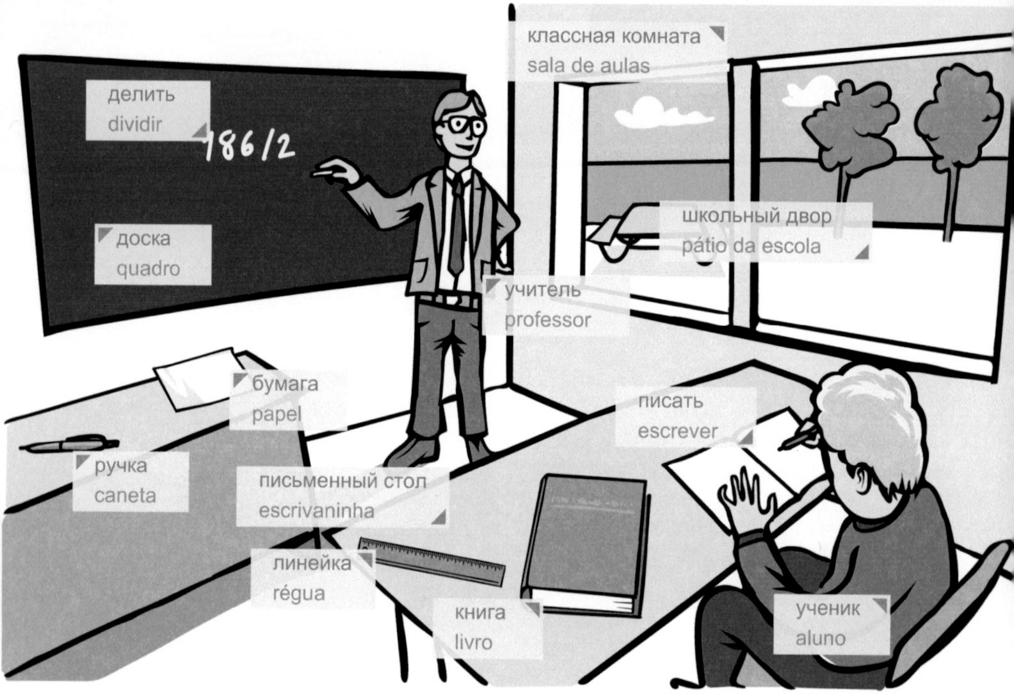

классная комната
sala de aulas
делить
dividir
186/2
доска
quadro
школьный двор
pátio da escola
учитель
professor
бумага
papel
писать
escrever
ручка
caneta
письменный стол
escrivaninha
линейка
régua
книга
livro
ученик
aluno

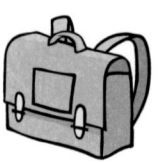

ранец

sacola

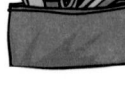

пенал

estojo de lápis

карандаш

lápis

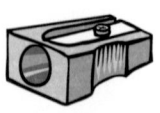

точилка

apontador de lápis

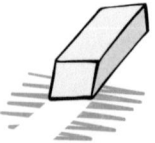

ластик

borracha

альбом для рисования

bloco de desenho

рисунок

desenho

кисточка

pincel

коробка красок

estojo de tintas

ножницы

tesoura

клей

cola

тетрадь

livro de exercícios

домашняя работа

lição de casa

цифра

número

прибавлять

somar

вычитать

subtrair

умножать

multiplicar

считать

calcular

буква

letra

алфавит

alfabeto

слово

palavra

текст

texto

читать

ler

мел

giz

урок

hora

классный журнал

registro da classe

экзамен

exame

диплом

certificado

школьная форма

uniforme escolar

образование

educação

энциклопедия

enciclopédia

университет

universidade

микроскоп

microscópio

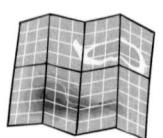

карта

mapa

корзина для бумаг

cesto de lixo

путешествие
viagem

гостиница
hotel
Grand
турбаза
albergue
ROOMS
EXCHANGE
пункт обмена валюты
casa de câmbio
чемодан
mala
автомобиль
carro

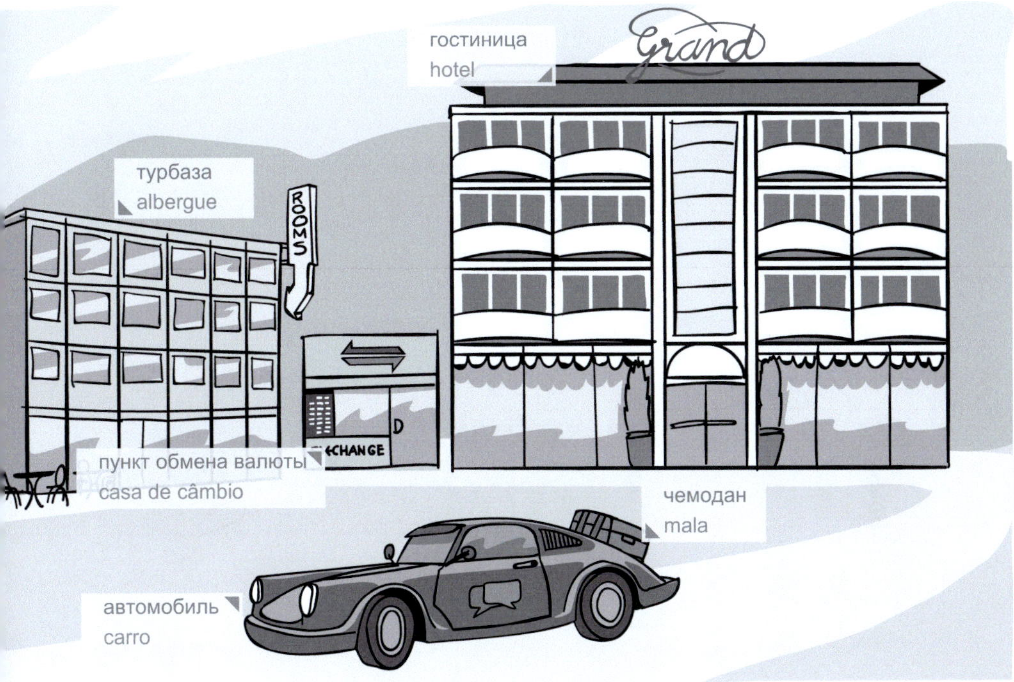

язык

idioma

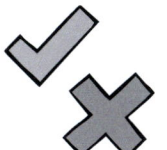

да / нет

sim / não

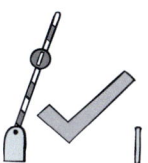

хорошо

ok

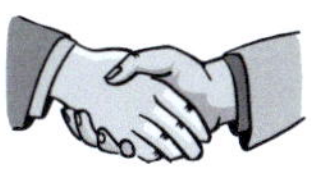

Привет

Olá

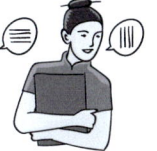

переводчик

tradutor

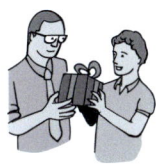

Спасибо

obrigado

Сколько стоит…?

quanto custa...?

Я не понимаю

eu não entendo

проблема

problema

Добрый вечер!

boa noite!

Доброе утро!

Bom dia!

Доброй ночи!

Boa noite!

До свидания

até logo

направление

direção

багаж

bagagem

сумка

bolsa

рюкзак

mochila

гость

convidado

комната

quarto

спальный мешок

saco de dormir

палатка

barraca

туристическая информация
informação turística

пляж
praia

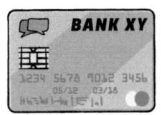

кредитная карточка
cartão de crédito

завтрак
café da manhã

обед
almoço

ужин
jantar

билет
bilhete

лифт
elevador

почтовая марка
selo

граница
fronteira

таможня
alfândega

посольство
embaixada

виза
visto

паспорт
passaporte

транспорт
transporte

самолёт
avião

корабль
navio

пожарный автомобиль
carro de bombeiros

автобус
ônibus

грузовик
caminhão

моторная лодка
barco a motor

велосипед
bicicleta

автомобиль
carro

паром

balsa

лодка

barco

мотоцикл

motocicleta

полицейский автомобиль

veículo policial

гоночный автомобиль

carro de corrida

арендованный
автомобиль
carro de aluguel

совместное пользование
автомобилями

compartilhamento de
automóvel

буксировочный
автомобиль

caminhão de reboque

мусоровоз

caminhão de lixo

двигатель

motor

топливо

combustível

заправка

posto de gasolina

дорожный знак

placa de trânsito

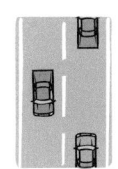

движение

trânsito

пробка

trânsito lento

автостоянка

estacionamento

вокзал

estação de trem

рельсы

trilhos

поезд

trem

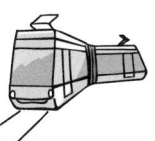

трамвай

bonde

вагон

vagão

вертолёт

helicóptero

аэропорт

aeroporto

вышка

torre

пассажир

passageiro

контейнер

contêiner

коробка

cartolina

тележка

carroça

корзина

cesto

взлетать / приземляться

decolar / pousar

город
cidade

деревня

vilarejo

центр города

centro da cidade

дом

casa

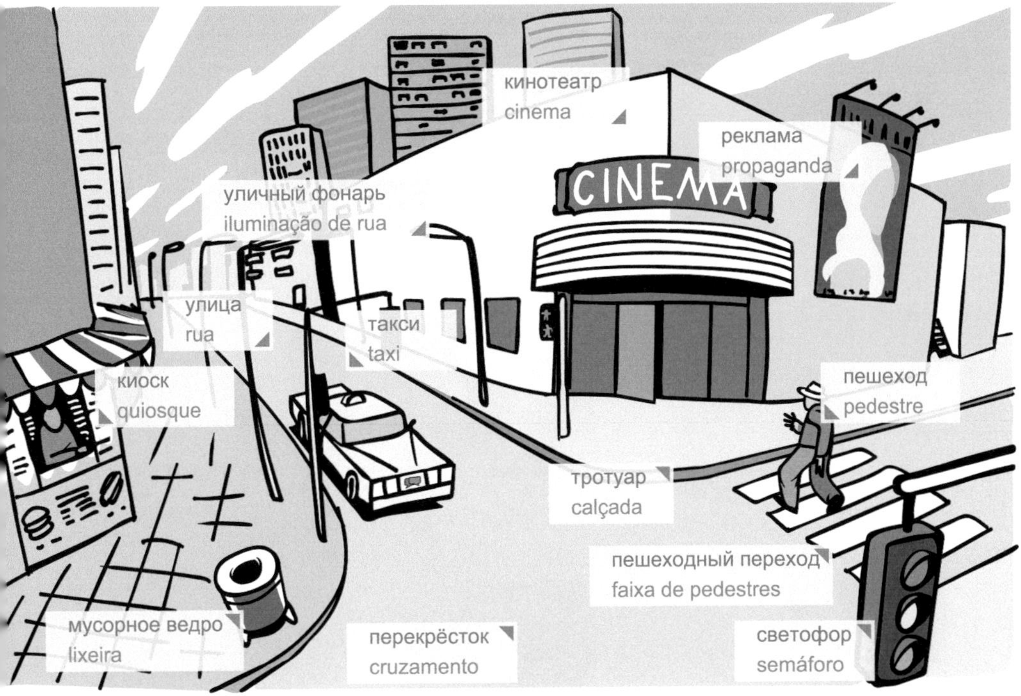

кинотеатр
cinema
реклама
propaganda
уличный фонарь
iluminação de rua
CINEMA
улица
rua
такси
taxi
киоск
quiosque
пешеход
pedestre
тротуар
calçada
пешеходный переход
faixa de pedestres
мусорное ведро
lixeira
перекрёсток
cruzamento
светофор
semáforo

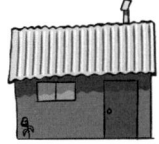

хижина

cabana

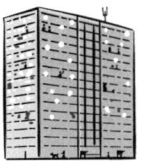

квартира

apartamento

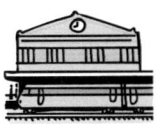

вокзал

estação de trem

ратуша

prefeitura

MUSEUM

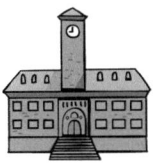

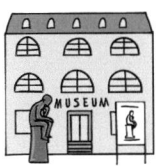

музей

museu

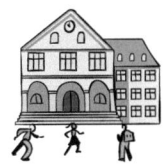

школа

escola

университет

universidade

банк

banco

больница

hospital

гостиница

hotel

аптека

farmácia

офис

escritório

книжный магазин

livraria

магазин

loja

цветочный магазин

floricultura

супермаркет

supermercado

рынок

mercado

универмаг

loja de departamentos

торговец рыбой

peixaria

торговый центр

centro comercial

порт

porto

город - cidade

парк

parque

скамейка

banco

мост

ponte

лестница

escadas

метро

metrô

тоннель

túnel

автобусная остановка

ponto de ônibus

бар

bar

ресторан

restaurante

почтовый ящик

caixa de correspondência

табличка с названием улицы

placa de rua

паркометр

parquímetro

зоопарк

zoológico

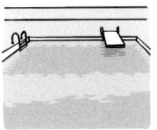

бассейн

piscina

мечеть

mesquita

ферма

fazenda

загрязнение окружающей среды

poluição

кладбище

cemitério

церковь

igreja

детская площадка

parquinho

храм

templo

ландшафт
paisagem

лист
folha

дорожный указатель
placa de sinalização

дорога
caminho

луг
gramado

камень
pedra

дерево
árvore

путешественник
caminhantes

река
rio

трава
grama

цветок
flor

долина

vale

гора

montanha

озеро

lago

лес

floresta

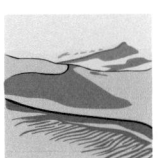

пустыня

deserto

вулкан

vulcão

замок

castelo

радуга

arco-íris

гриб

cogumelo

пальма

palmeira

комар

mosquito

муха

mosca

муравей

formiga

пчела

abelha

паук

aranha

жук

besouro

лягушка

sapo

белка

esquilo

еж

ouriço

заяц

lebre

сова

coruja

птица

pássaro

лебедь

cisne

кабан

javali

олень

veado

лось

alce

плотина

barragem

ветряной генератор

aerogerador

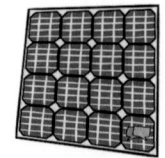

солнечная батарея

painel solar

климат

clima

ресторан
restaurante

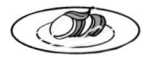

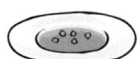

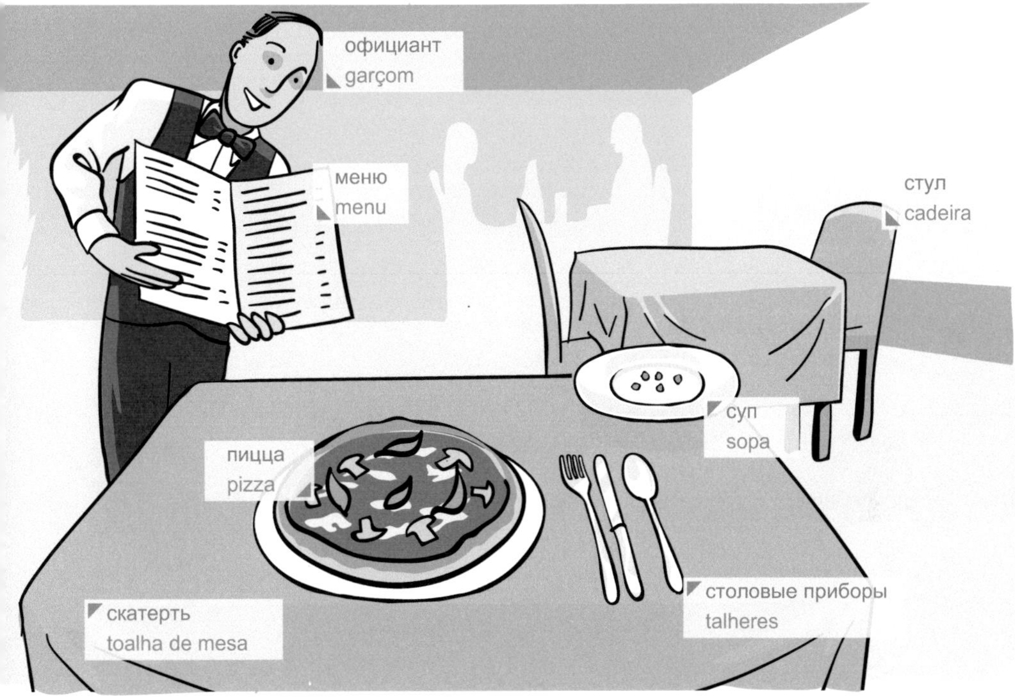
официант
garçom
меню
menu
стул
cadeira
суп
sopa
пицца
pizza
скатерть
toalha de mesa
столовые приборы
talheres

закуска

entrada

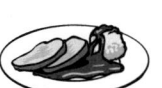

главное блюдо

prato principal

десерт

sobremesa

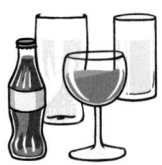

напитки

bebidas

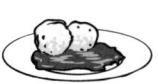

еда

comida

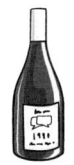

бутылка

garrafa

фастфуд

fastfood

уличная еда

comida de rua

чайник

bule de chá

сахарница

açucareiro

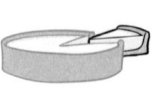

порция

porção

кофеварка

máquina de expresso

детский стульчик

cadeirão

счет

conta

поднос

bandeja

нож

faca

вилка

garfo

ложка

colher

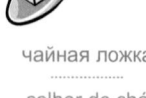

чайная ложка

colher de chá

салфетка

guardanapo

стакан

copo

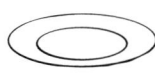

тарелка

prato

суповая тарелка

prato de sopa

блюдце

pires

соус

molho

солонка

saleiro

мельница для перца

moedor de pimenta

уксус

vinagre

масло

óleo

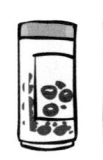

специи

especiarias

кетчуп

ketchup

горчица

mostarda

майонез

maionese

супермаркет
supermercado

специальное предложение
oferta especial
FOR
покупатель
cliente
молочные продукты
laticínios
фрукты
frutas
тележка для покупок
carrinho de compras

BUTCHERS

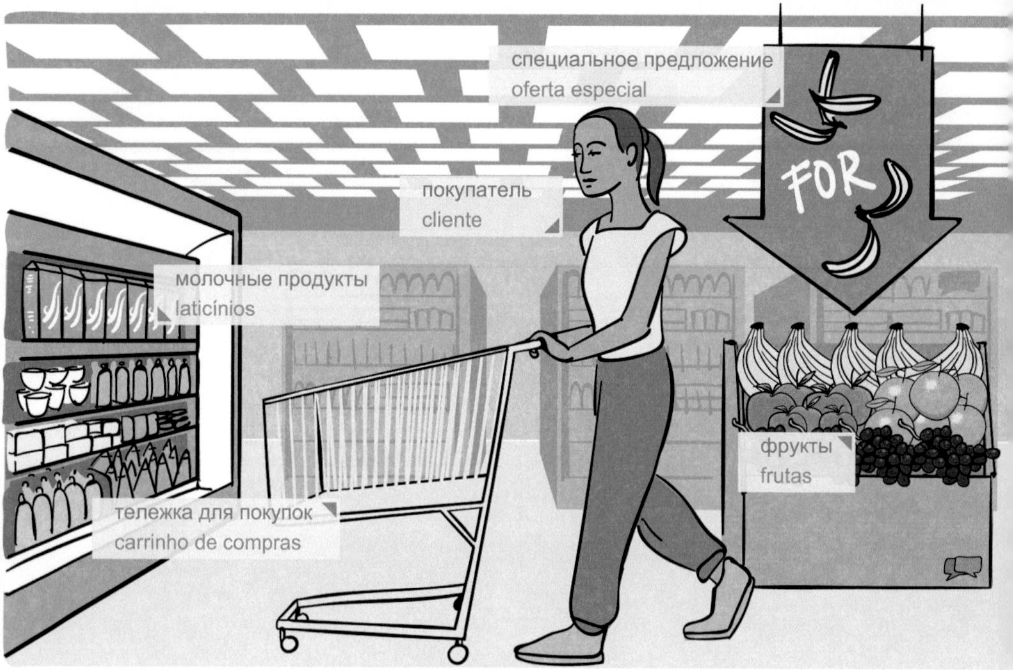

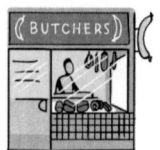

мясной магазин

açougue

BAKERY

пекарня

padaria

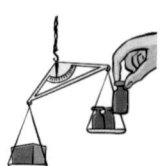

взвешивать

pesar

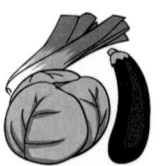

овощи

legumes

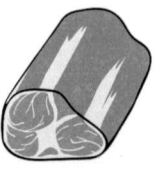

мясо

carne

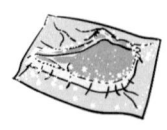

быстрозамороженные продукты

congelados

нарезка

charcutaria

консервы

conservas

стиральный порошок

detergente em pó

сладости

doces

предмет домашнего обихода

artigos domésticos

моющее средство

produtos de limpeza

продавщица

vendedora

касса

caixa

кассир

caixa

список покупок

lista de compras

время работы

horário de funcionamento

бумажник

carteira

кредитная карточка

cartão de crédito

сумка

sacola

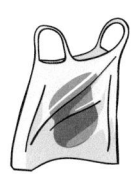

полиэтиленовый пакет

saco plástico

вода

água

сок

suco

молоко

leite

кока-кола

coca-cola

вино

vinho

пиво

cerveja

алкоголь

álcool

какао

cacau

чай

chá

кофе

café

эспрессо

expresso

капучино

cappuccino

банан

banana

яблоко

maçã

апельсин

laranja

арбуз

melão

лимон

limão

морковь

cenoura

чеснок

alho

бамбук

bambu

лук

cebola

гриб

cogumelo

орехи

nozes

лапша

macarrão

спагетти

espaguete

рис

arroz

салат

salada

картофель фри

batatas fritas

жареный картофель

batatas frias

пицца

pizza

гамбургер

hambúrger

сэндвич

sanduíche

шницель

escalope

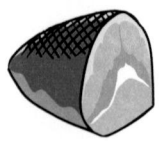

ветчина

presunto

салями

salame

колбаса

salsicha

курица

galinha

жаркое

assado

рыба

peixe

овсяные хлопья

flocos de aveia

мюсли

granola

кукурузные хлопья

flocos de milho

мука

farinha

круассан

croissant

булочка

pãozinho

хлеб

pão

тост

torrada

печенье

biscoitos

масло

manteiga

творог

requeijão

пирог

bolo

яйцо

ovo

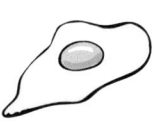

яичница

ovo frito

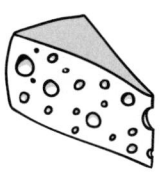

сыр

queijo

мороженое

sorvete

сахар

açúcar

мёд

mel

мармелад

geleia

крем с нугой

creme de avelãs

карри

curry

еда - comida

ферма
fazenda

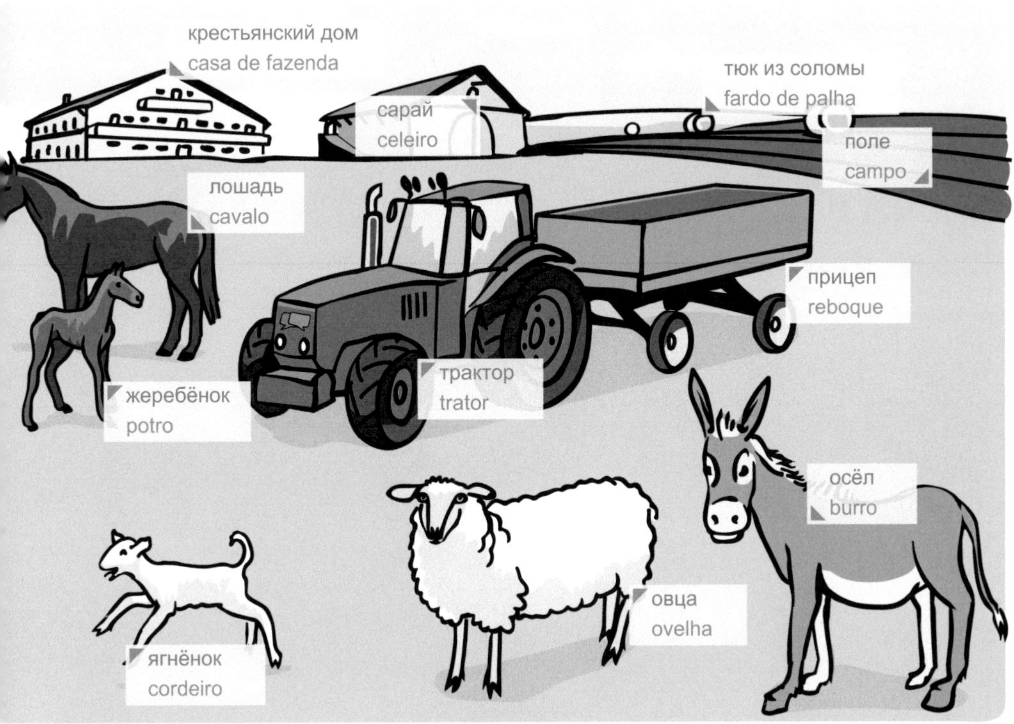
крестьянский дом
casa de fazenda
сарай
celeiro
тюк из соломы
fardo de palha
поле
campo
лошадь
cavalo
прицеп
reboque
трактор
trator
жеребёнок
potro
осёл
burro
овца
ovelha
ягнёнок
cordeiro

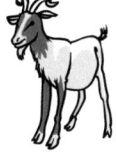

коза

cabra

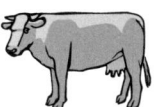

корова

vaca

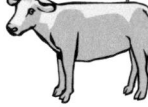

телёнок

bezerro

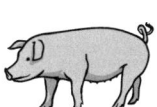

свинья

porco

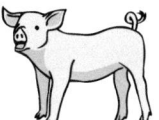

поросёнок

leitão

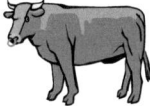

бык

touro

гусь

ganso

утка

pato

цыплёнок

pintinho

курица

galinha

петух

galo

крыса

ratazana

кошка

gato

мышь

camundongo

вол

boi

собака

cachorro

конура

casinha do cachorro

садовый шланг

mangueira de jardim

лейка

regador

коса

foice

плуг

arado

серп

foice

мотыга

enxada

навозные вилы

forquilha

топор

machado

тачка

carrinho de mão

корыто

manjedoura

бидон для молока

jarra de leite

мешок

saco

забор

cerca

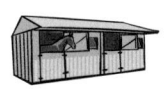

хлев

estábulo

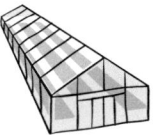

теплица

estufa

почва

solo

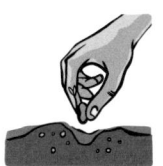

посев

semente

удобрение

fertilizante

комбайн

colheitadeira

собирать урожай

colher

урожай

colheita

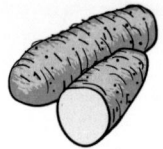

ямс

inhame

пшеница

trigo

соя

soja

картофель

batata

кукуруза

milho

рапс

colza

фруктовое дерево

árvore frutífera

маниок

mandioca

злаки

cereais

дымоход
chaminé

крыша
telhado

водосточный желоб
calhas de chuva

окно
janela

гараж
garagem

звонок
campainha da porta

дверь
porta

мусорное ведро
lata de lixo

почтовый ящик
caixa de correspondência

сад
jardim

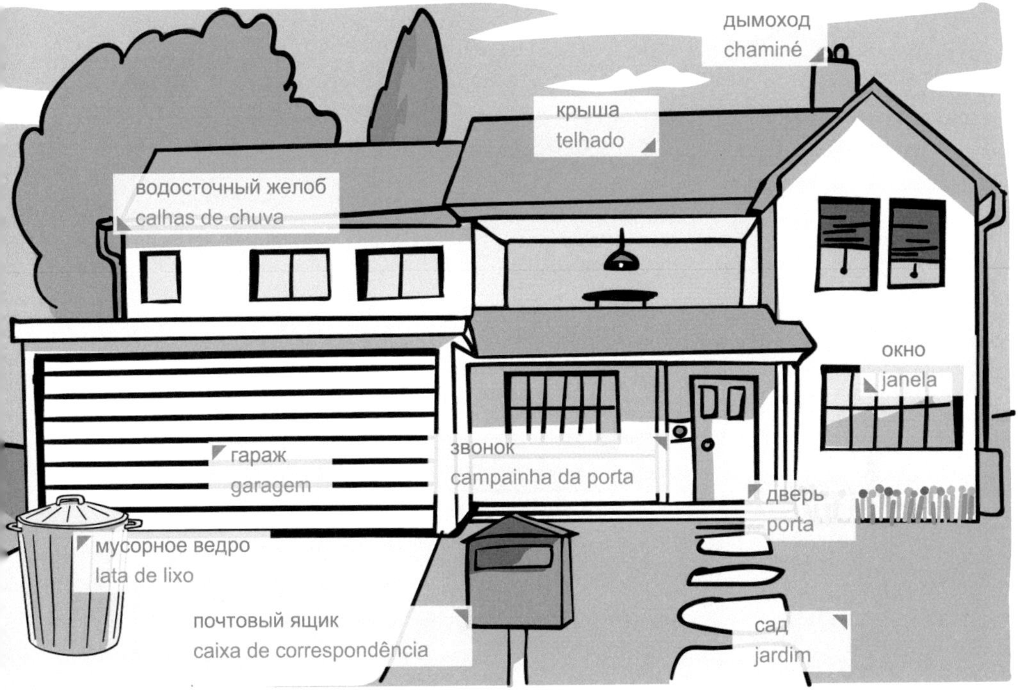

гостиная

sala de estar

ванная комната

banheiro

кухня

cozinha

спальня

quarto de dormir

детская комната

quarto de criança

столовая

sala de jantar

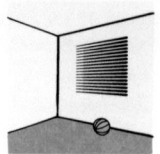

пол

chão

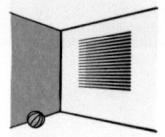

стена

parede

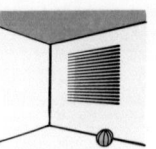

потолок

teto

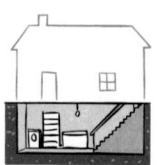

подвал

porão

сауна

sauna

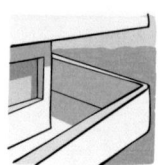

балкон

varanda

терраса

terraço

бассейн

piscina

газонокосилка

cortador de grama

пододеяльник

lençol

покрывало

coberta

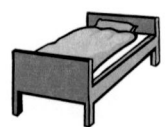

кровать

cama

метла

vassoura

ведро

balde

выключатель

interruptor

гостиная

sala de estar

обои
papel de parede
рисунок
quadro
лампа
lâmpada
полка
prateleira
шкаф
armário
телевизор
televisão
камин
lareira
цветок
flor
подушка
travesseiro
диван
sofá
ваза
vaso
пульт дистанционного управления
controle remoto

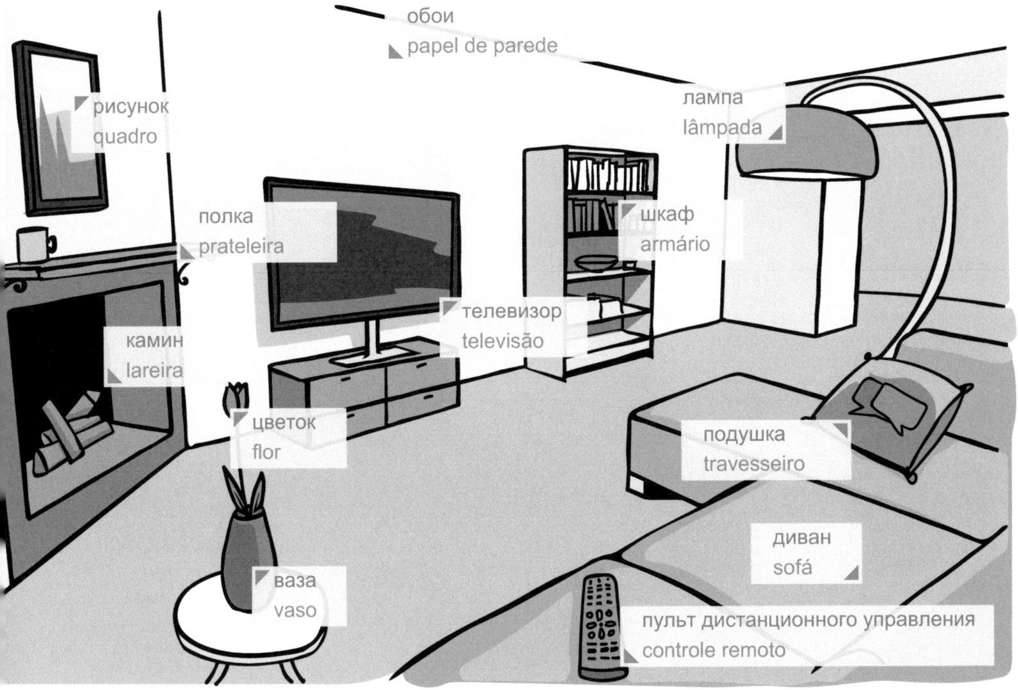

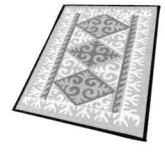

ковёр

tapete

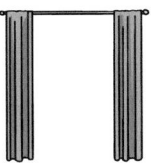

штора

cortina

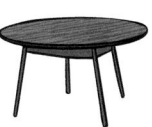

стол

mesa

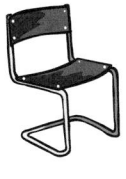

стул

cadeira

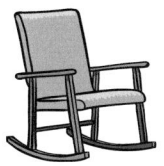

кресло-качалка

cadeira de balanço

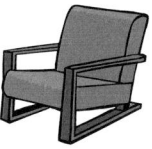

кресло

poltrona

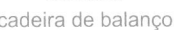

книга

livro

покрывало

cobertor

украшение

decoração

дрова

lenha

фильм

filme

стереосистема

equipamento de som

ключ

chave

газета

jornal

картина

pintura

плакат

pôster

радио

rádio

блокнот

bloco de notas

пылесос

aspirador

кактус

cacto

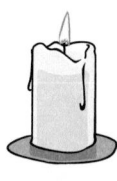

свеча

vela

кухня
cozinha

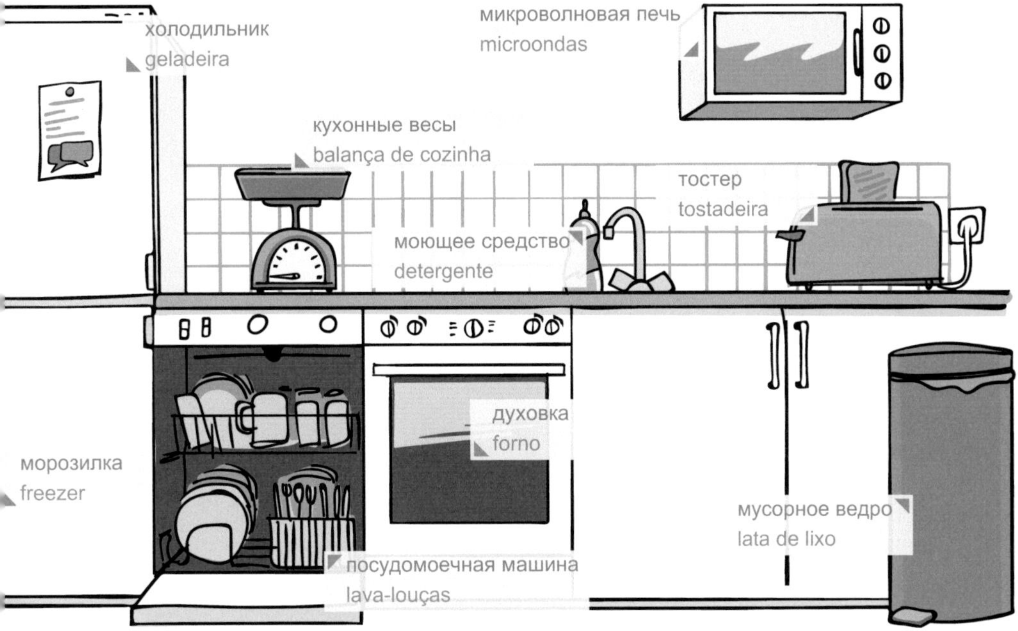
холодильник
geladeira
микроволновая печь
microondas
кухонные весы
balança de cozinha
тостер
tostadeira
моющее средство
detergente
духовка
forno
морозилка
freezer
мусорное ведро
lata de lixo
посудомоечная машина
lava-louças

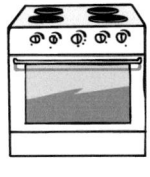

плита

fogão

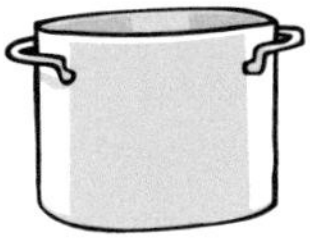

кастрюля

panela

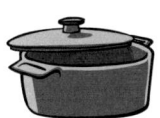

чугунный котелок

panela de ferro

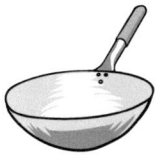

вок / кадай

wok / kadai

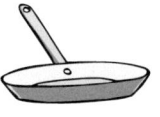

сковорода

frigideira

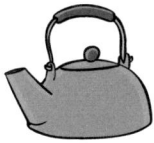

чайник

chaleira

пароварка

panela a vapor

противень

tabuleiro de forno

посуда

louça

кружка

caneca

миска

caçarola

палочки для еды

hashi

половник

concha de sopa

лопатка

espátula

сбивалка

batedor

сито

escorredor

сито

peneira

тёрка

ralador

ступка

almofariz

гриль

churrasqueira

костёр

lareira

кухня - cozinha

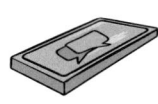

доска

tábua de cortar

скалка

rolo da massa

штопор

saca-rolhas

жестяная банка

lata

консервный нож

abridor de latas

прихватка

pegador de panela

раковина

pia

щетка

escova

губка

esponja

миксер

liquidificador

морозильная камера

congelador

бутылочка для кормления

mamadeira

кран

torneira

ванная комната
banheiro

отопление
aquecimento
душ
ducha
полотенце
toalha
душевая занавеска
cortina de chuveiro
пенистая ванна
banho de espuma
ванна
banheira
стакан
copo
стиральная машина
lava-roupa
кран
torneira
плитка
azulejos
горшок
penico
раковина
pia

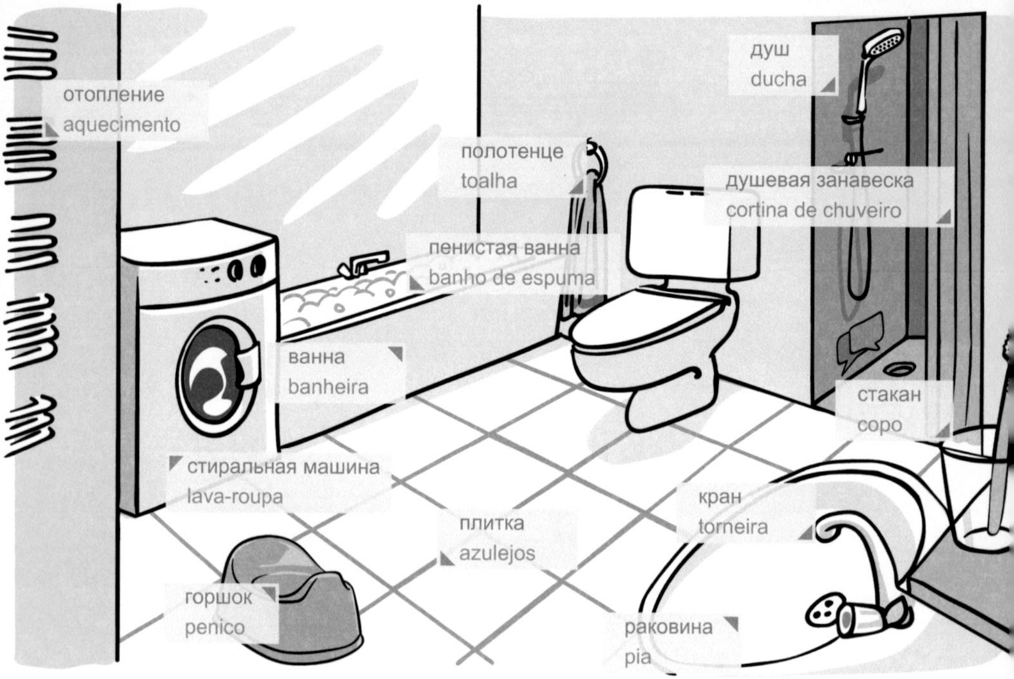

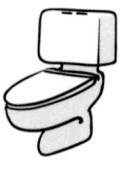

туалет

vaso sanitário

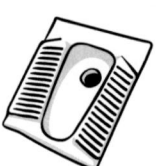

напольный унитаз

lavabo de agachar

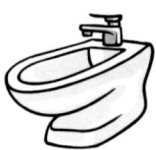

биде

bidê

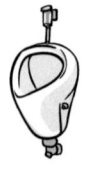

писсуар

mictório

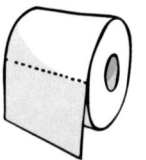

туалетная бумага

papel higiênico

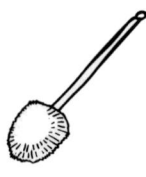

ершик

escova de privada

зубная щетка

escova de dentes

зубная паста

pasta de dentes

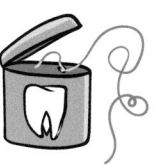

зубная нить

fio dental

мыть

lavar

ручной душ

ducha de mão

интимный душ

ducha íntima

таз

bacia

щетка для спины

escova para as costas

мыло

sabonete

гель для душа

gel de banho

шампунь

xampu

мочалка

toalha de rosto

сток

escoamento

крем

creme

дезодорант

desodorante

ванная комната - banheiro

зеркало

espelho

ручное зеркало

espelho de mão

бритва

barbeador

пена для бритья

espuma de barbear

лосьон после бритья

loção pós-barba

расческа

pente

щетка

escova

фен

secador de cabelo

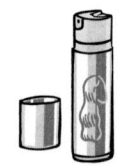

лак для волос

spray de cabelo

косметика

maquiagem

губная помада

batom

лак для ногтей

esmalte de unhas

вата

algodão

маникюрные ножницы

tesoura para unhas

духи

perfume

косметичка

nécessaire

табуретка

banquinho

весы

balança

халат

roupão de banho

резиновые перчатки

luvas de borracha

тампон

absorvente interno

игиеническая прокладка

absorvente íntimo

биотуалет

banheiro químico

детская комната
quarto de criança

будильник
despertador
мягкая игрушка
boneco de pelúcia
игрушечный автомобиль
carrinho de brinquedo
погремушка
chacoalho
кукольный домик
casa de bonecas
подарок
presente

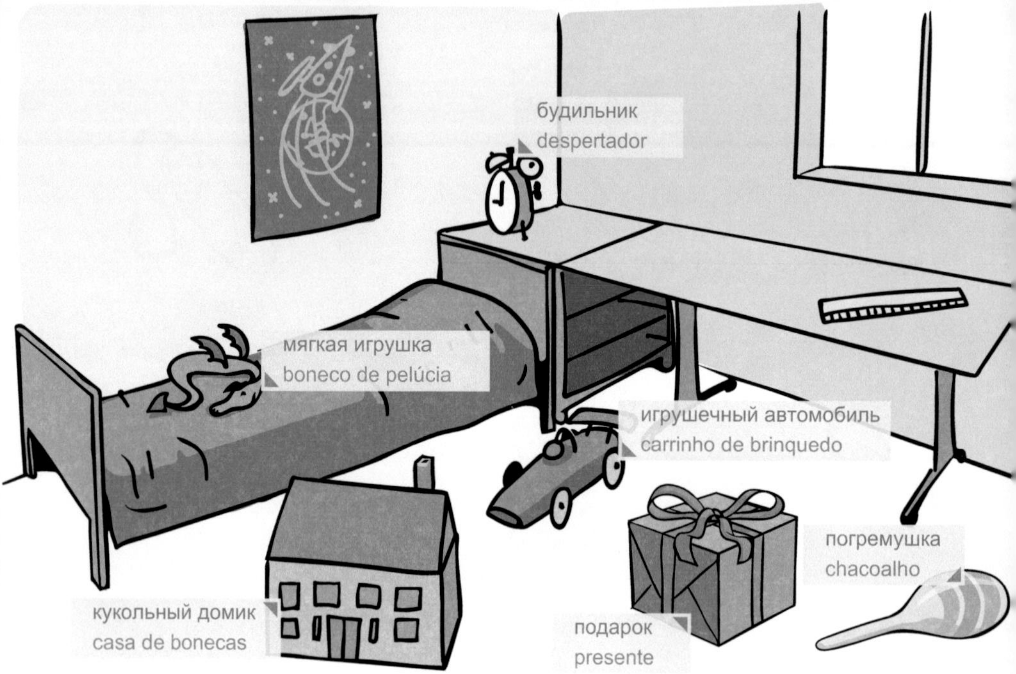

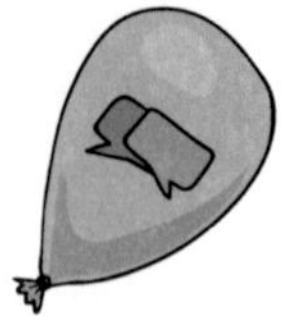

воздушный шар

balão

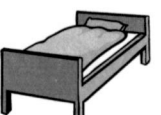

кровать

cama

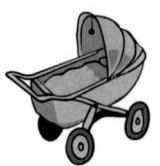

детская коляска

carrinho de bebê

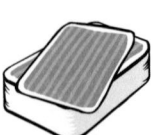

карточная игра

jogo de cartas

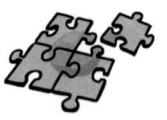

пазл

quebra-cabeças

SUPER AMEGA

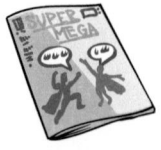

комикс

revista de quadrinhos

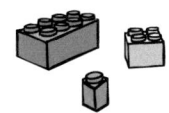

кирпичики Лего

peças de Lego

кубики

blocos de construção

игрушечная фигурка

figura de ação

ползунки

macaquinho de bebê

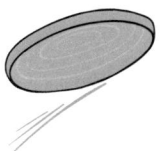

фрисби

frisbee

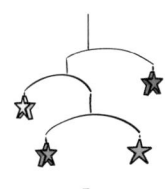

мобиле

móbile para bebé

настольная игра

jogo de tabuleiro

кубик

dados

модель железной дороги

trenzinho elétrico

соска

chupeta

вечеринка

festa

книга с картинками

livro ilustrado

мяч

bola

кукла

boneca

играть

brincar

песочница

caixa de areia

качели

balanço

игрушка

brinquedos

игровая приставка

videogame

трёхколесный велосипед

triciclo

плюшевый медвежонок

ursinho de pelúcia

шкаф для одежды

guarda-roupa

одежда

vestuário

носки

meias

чулки

meias pelo joelho

колготки

meias-calças

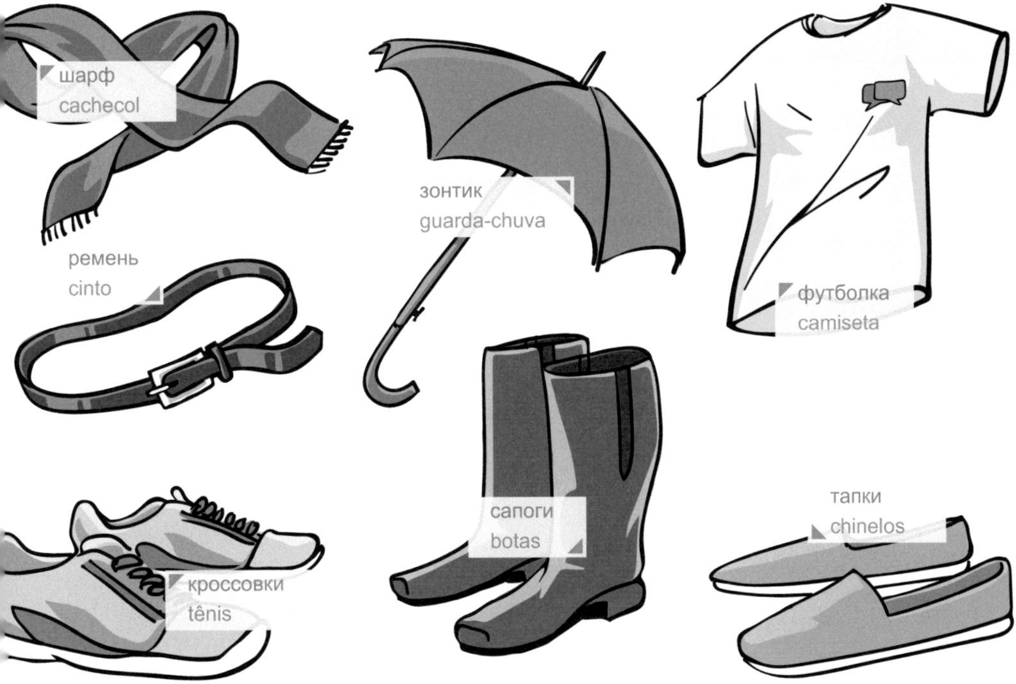

шарф
cachecol

зонтик
guarda-chuva

футболка
camiseta

ремень
cinto

сапоги
botas

тапки
chinelos

кроссовки
tênis

сандалии
sandálias

ботинки
sapatos

резиновые сапоги
botas de borracha

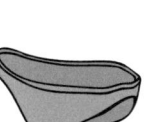

трусы
roupa de baixo

бюстгальтер
sutiã

майка
camiseta de baixo

боди

body

брюки

calças

джинсы

jeans

юбка

saia

блузка

blusa

рубашка

camisa

свитер

pulôver

свитер

suéter com capuz

спортивная куртка

blazer

жакет

jaqueta

пальто

casaco

плащ

gabardine

костюм

traje

платье

vestido

свадебное платье

vestido de casamento

мужской костюм

terno

ночная сорочка

camisola

пижама

pijama

сари

sari

платок

lenço de cabeça

тюрбан

turbante

паранджа

burca

кафтан

cafetã

абайя

abaya

купальник

maiô

плавки

sunga

шорты

shorts

спортивный костюм

roupa de treino

фартук

avental

перчатки

luvas

пуговица

botão

очки

óculos

браслет

pulseira

цепочка

colar

кольцо

anel

серьга

brinco

шапка

boné

вешалка

cabide

шляпа

chapéu

галстук

gravata

застежка молния

zíper

шлем

capacete

подтяжки

suspensórios

школьная форма

uniforme escolar

форма

uniforme

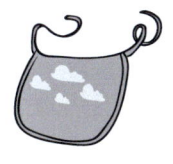

детский нагрудник

babador

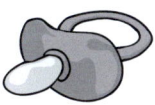

соска

chupeta

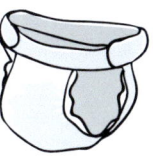

подгузник

fralda

офис
escritório

сервер
servidor
канцелярский шкаф
armário de arquivos
принтер
impressora
бумага
papel
монитор
monitor
мышь
mouse
письменный стол
escrivaninha
папка
pasta
клавиатура
teclado
корзина для бумаг
cesto de lixo
компьютер
computador
стул
cadeira

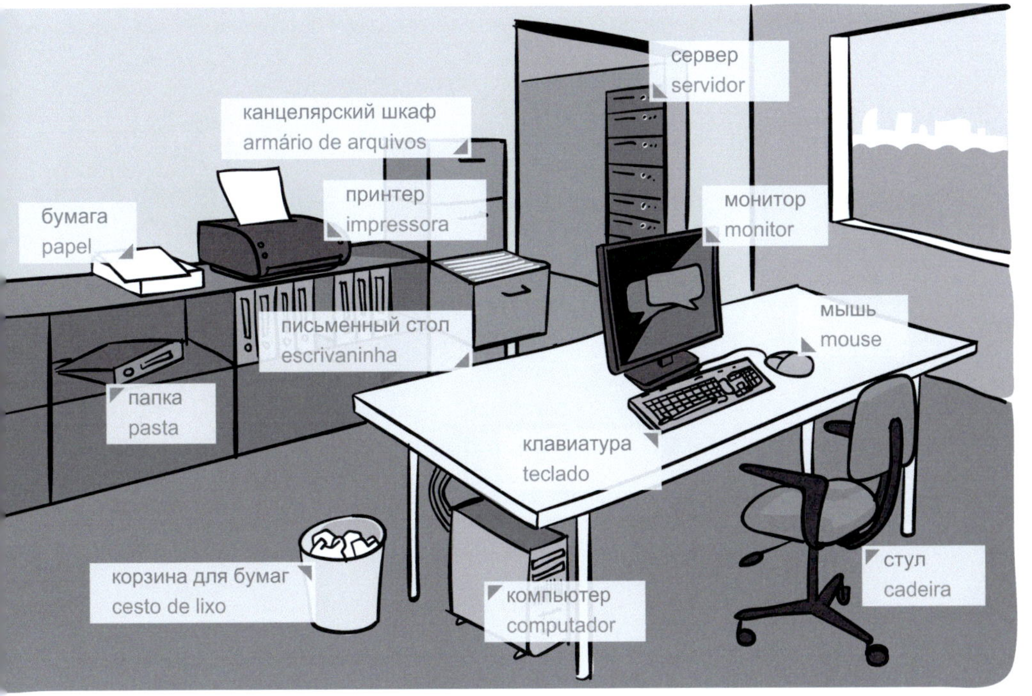

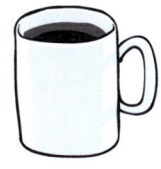

кофейная кружка

xícara de café

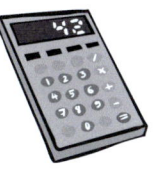

калькулятор

calculadora

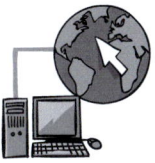

интернет

internet

ноутбук

laptop

письмо

carta

сообщение

mensagem

мобильный телефон

celular

сеть

rede

ксерокс

copiadora

программа

software

телефон

telefone

розетка

tomada

факс

fax

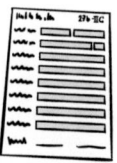

формуляр

formulário

документ

documento

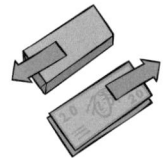

покупать

comprar

платить

pagar

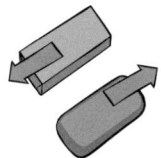

торговать

negociar

деньги

dinheiro

 USD

доллар

Dólar

 EUR

евро

Euro

 JPY

иена

Yen

 RUB

рубль

rublo

 CHF

франк

franco suíço

 CNY

жэньминьби юань

renminbi yuan

 INR

рупия

rupia

банкомат

caixa eletrônico

пункт обмена валюты

casa de câmbio

золото

ouro

серебро

prata

нефть

petróleo

энергия

energia

цена

preço

договор

contrato

налог

imposto

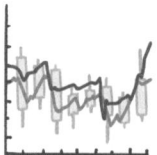

акция

ação

работать

trabalhar

служащий

empregado

работодатель

empregador

фабрика

fábrica

магазин

loja

экономика - economia

профессии
profissões

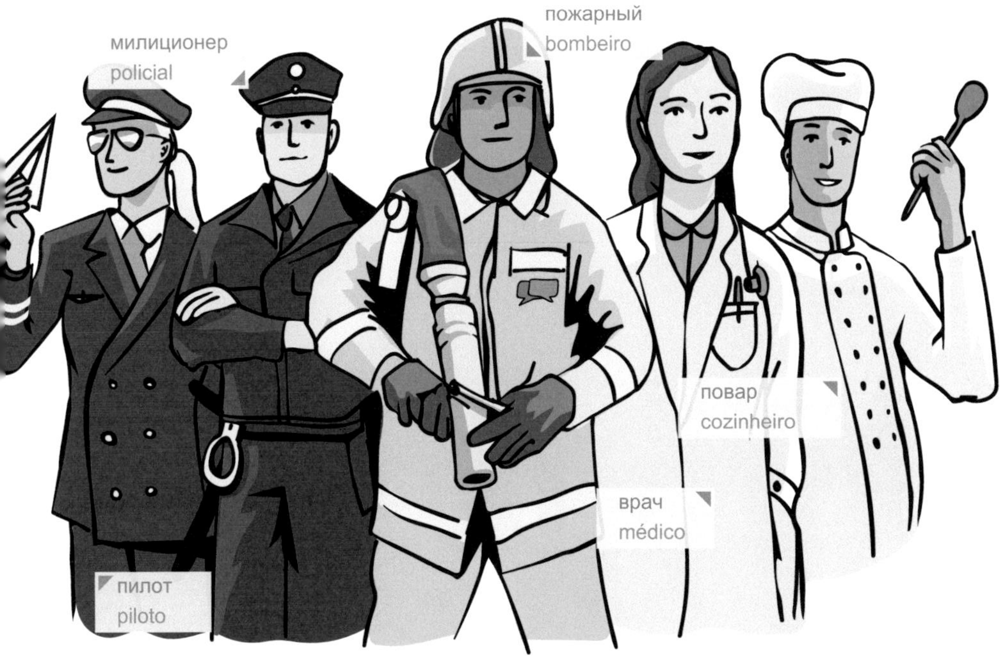
милиционер
policial
пожарный
bombeiro
повар
cozinheiro
врач
médico
пилот
piloto

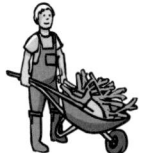

садовник

jardineiro

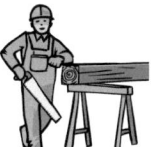

столяр

marceneiro

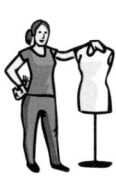

швея

costureira

судья

juiz

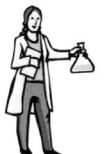

химик

químico

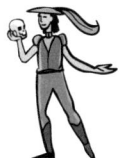

актёр

ator

водитель автобуса

motorista de ônibus

таксист

motorista de táxi

рыбак

pescador

уборщица

faxineira

кровельщик

telhador

официант

garçom

охотник

caçador

художник

pintor

пекарь

padeiro

электрик

eletricista

строитель

construtor

инженер

engenheiro

мясник

açougueiro

сантехник

encanador

почтальон

carteiro

профессии - profissões

солдат

soldado

архитектор

arquiteto

кассир

caixa

флорист

florista

парикмахер

cabelereiro

кондуктор

condutor

механик

mecânico

капитан

capitão

зубной врач

dentista

ученый

cientista

раввин

rabino

имам

imam

монах

monge

священник

pastor

инструменты

ferramentas

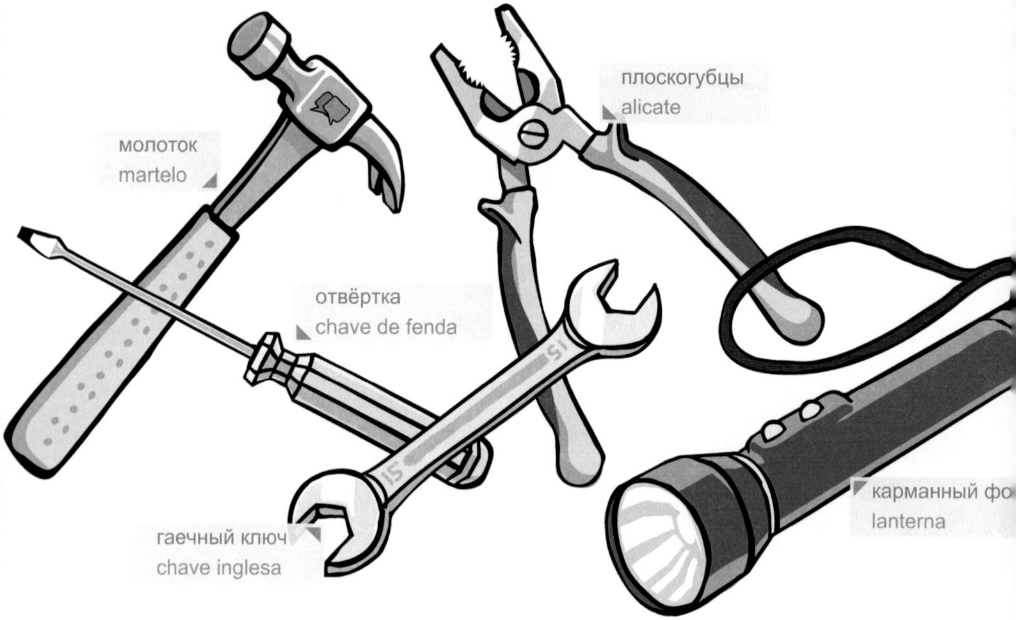

молоток
martelo
плоскогубцы
alicate
отвёртка
chave de fenda
гаечный ключ
chave inglesa
карманный фо
lanterna

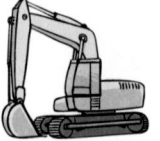

экскаватор

escavadora

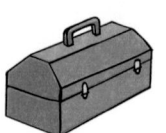

ящик для инструментов

caixa de ferramentas

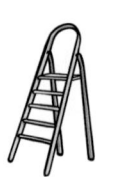

стремянка

escada de mão

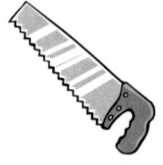

пила

serra

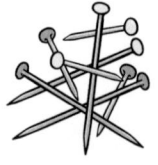

гвозди

pregos

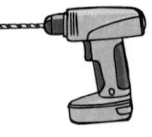

дрель

furadeira

ремонтировать

consertar

лопата

pá

Блин!

Droga!

совок

pá de lixo

ведро с краской

pote de tinta

винты

parafusos

музыкальные инструменты

instrumentos musicais

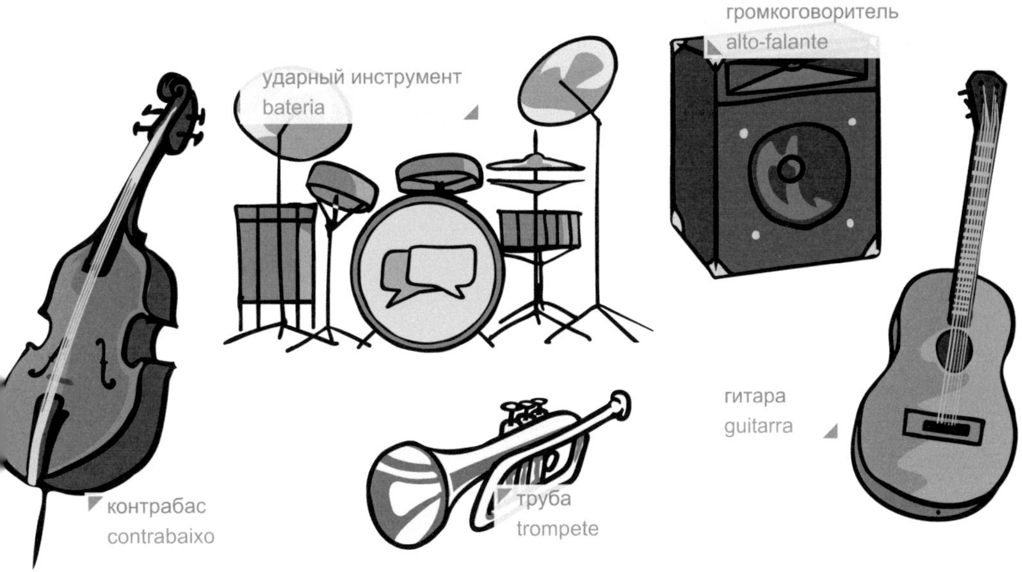

ударный инструмент
bateria

громкоговоритель
alto-falante

контрабас
contrabaixo

труба
trompete

гитара
guitarra

пианино

piano

скрипка

violino

бас-гитара

baixo

литавры

timbales

барабан

tambor

синтезатор

teclado

саксофон

saxofone

флейта

flauta

микрофон

microfone

зоопарк
zoológico

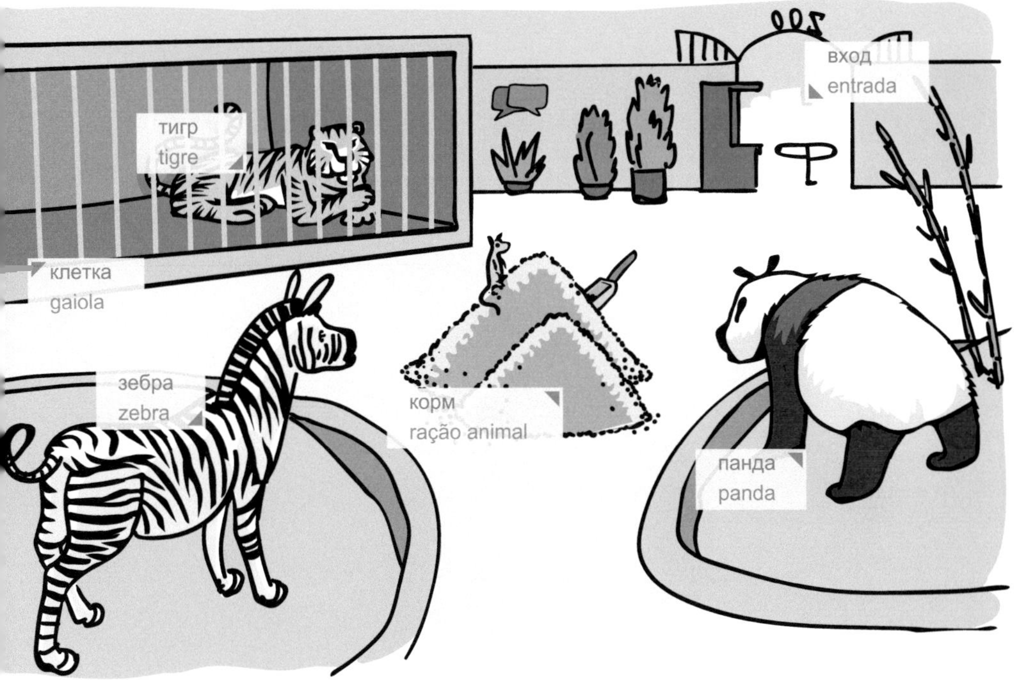

вход
entrada
тигр
tigre
клетка
gaiola
зебра
zebra
корм
ração animal
панда
panda

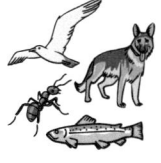

животные

animais

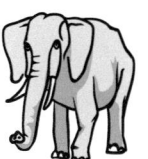

слон

elefante

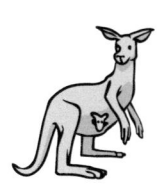

кенгуру

canguru

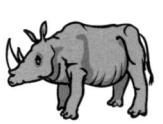

носорог

rinoceronte

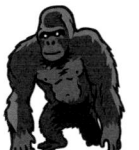

горилла

gorila

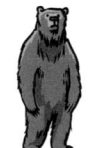

медведь

urso

верблюд

camelo

страус

avestruz

лев

leão

обезьяна

macaco

фламинго

flamingo

попугай

papagaio

белый медведь

urso polar

пингвин

pinguim

акула

tubarão

павлин

pavão

змея

cobra

крокодил

crocodilo

служитель зоопарка

guarda do zoológico

тюлень

foca

ягуар

jaguar

пони

pônei

леопард

leopardo

бегемот

hipopótamo

жираф

girafa

орёл

águia

кабан

javali

рыба

peixe

черепаха

tartaruga

морж

morsa

лиса

raposa

газель

gazela

американский футбол
futebol americano

езда на велосипеде
ciclismo

теннис
tênis

баскетбол
basquete

плавание
natação

бокс
boxe

хоккей
hóquei no gelo

футбол

futebol

бадминтон

badminton

лёгкая атлетика

atletismo

гандбол

handebol

лыжный спорт

esqui

поло

polo

смеяться
rir

прыгать
pular

обнимать
abraçar

идти
andar

петь
cantar

мечтать
sonhar

молиться
rezar

целовать
beijar

писать
escrever

рисовать
desenhar

показывать
mostrar

нажимать
empurrar

давать
dar

брать
tomar

действия - atividades

иметь
....
ter

делать
....
fazer

быть
....
ser

стоять
....
ficar de pé

бежать
....
correr

тянуть
....
puxar

бросать
....
jogar

падать
....
cair

лежать
....
deitar

ждать
....
esperar

носить
....
carregar

сидеть
....
sentar

надевать
....
vestir

спать
....
dormir

просыпаться
....
despertar

рассматривать

olhar para

плакать

chorar

гладить

acariciar

причесывать

pentear

говорить

falar

понимать

entender

спрашивать

perguntar

слушать

ouvir

пить

beber

кушать

comer

наводить порядок

arrumar

любить

amar

готовить

cozinhar

ехать

dirigir

летать

voar

ходить под парусом

velejar

считать

calcular

читать

ler

учиться

aprender

работать

trabalhar

вступать в брак

casar

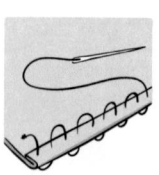

шить

costurar

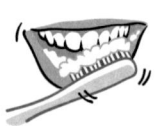

чистить зубы

escovar os dentes

убивать

matar

курить

fumar

отправлять

enviar

семья
família

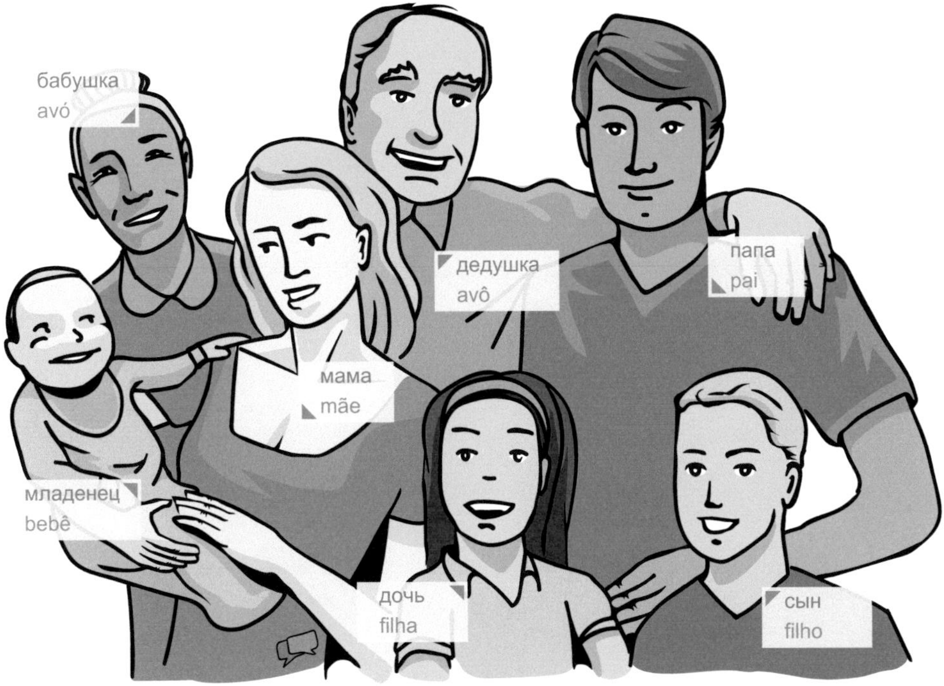

бабушка
avó
дедушка
avô
папа
pai
мама
mãe
младенец
bebê
дочь
filha
сын
filho

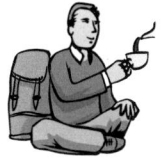

гость

convidado

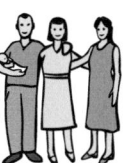

тетя

tia

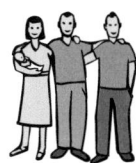

дядя

tio

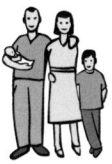

брат

irmão

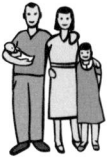

сестра

irmã

тело

corpo

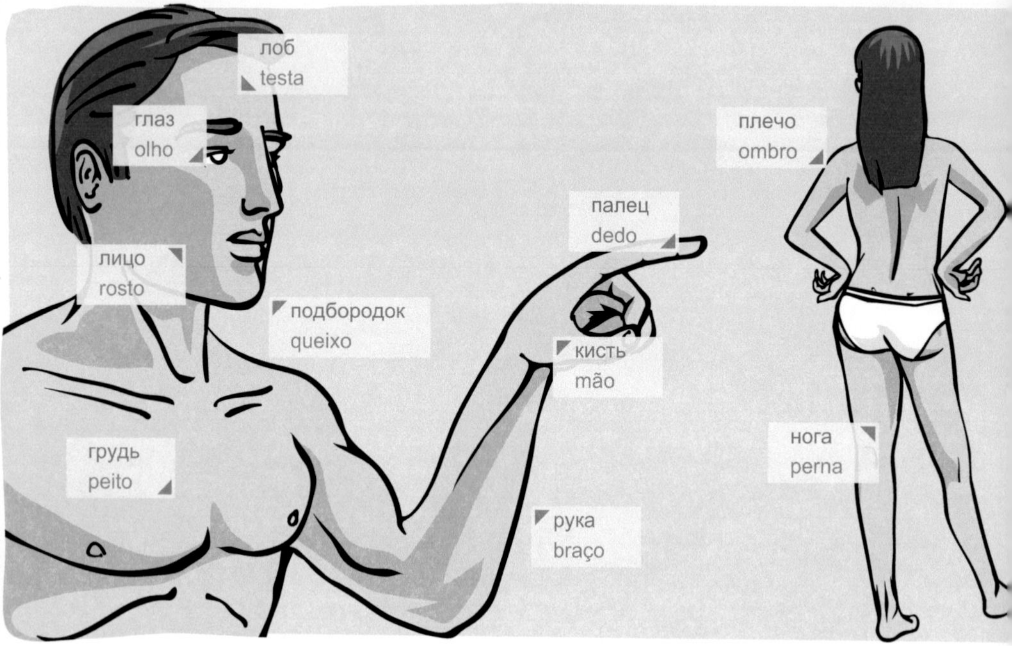

лоб
testa
глаз
olho
плечо
ombro
палец
dedo
лицо
rosto
подбородок
queixo
кисть
mão
грудь
peito
нога
perna
рука
braço

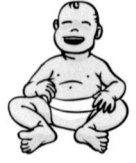

младенец

bebê

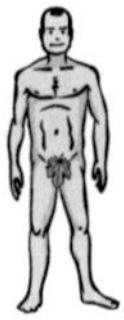

мужчина

homem

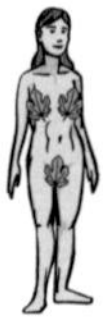

женщина

mulher

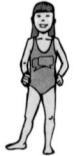

девочка

menina

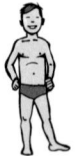

мальчик

menino

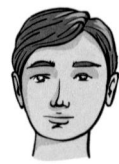

голова

cabeça

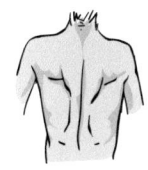

спина

costas

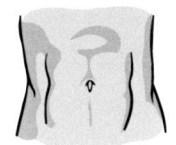

живот

barriga

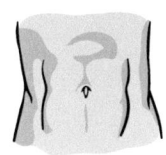

пупок

umbigo

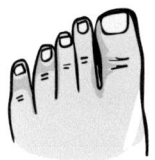

палец ноги

dedo do pé

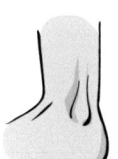

пятка

calcanhar

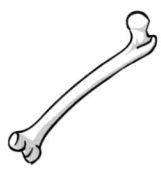

кость

osso

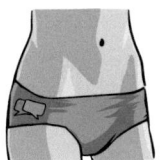

бедро

anca

колено

joelho

локоть

cotovelo

нос

nariz

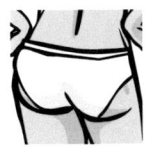

ягодицы

nádegas

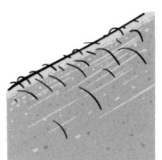

кожа

pele

щека

bochecha

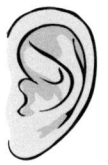

ухо

orelha

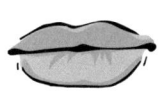

губа

lábio

рот

boca

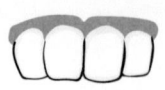

зуб

dente

язык

língua

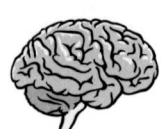

мозг

cérebro

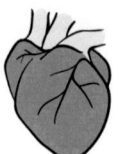

сердце

coração

мышца

músculo

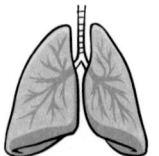

лёгкое

pulmão

печень

fígado

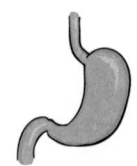

желудок

estômago

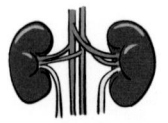

почки

rins

половой акт

relações sexuais

презерватив

preservativo

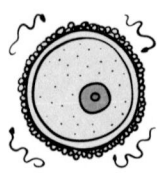

яйцеклетка

óvulo

сперма

esperma

беременность

gravidez

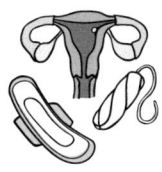

менструация

menstruação

вагина

vagina

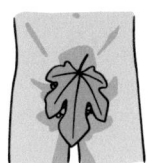

пенис

pênis

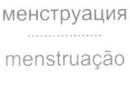

бровь

sobrancelha

волосы

cabelo

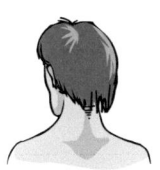

шея

pescoço

больница

hospital

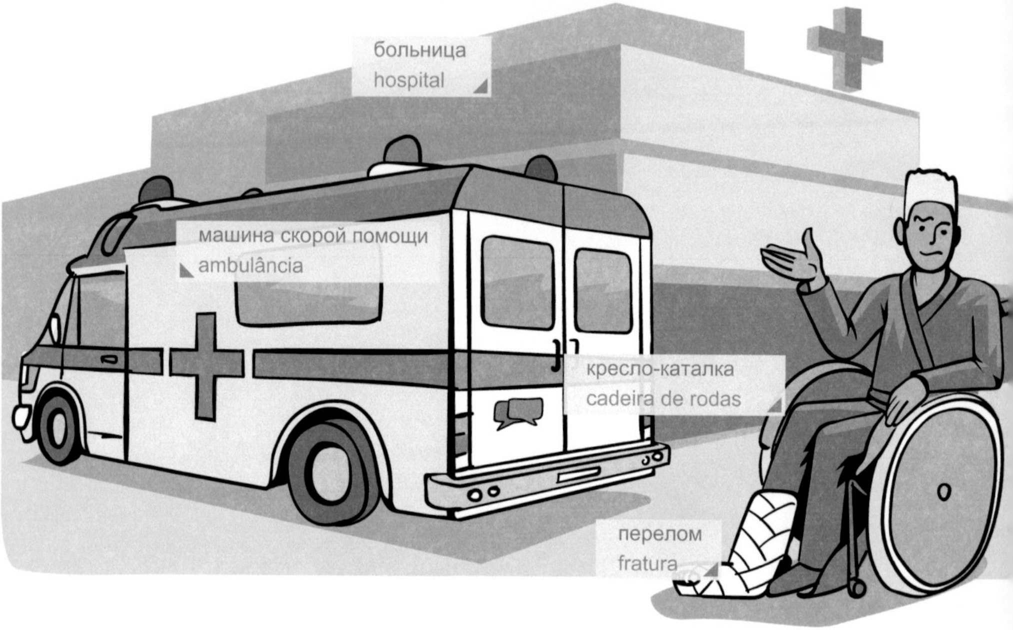

больница
hospital
машина скорой помощи
ambulância
кресло-каталка
cadeira de rodas
перелом
fratura

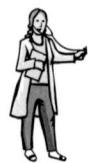

врач

médico

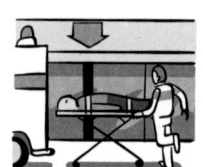

пункт первой помощи

pronto-socorro

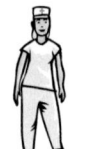

медсестра

enfermeira

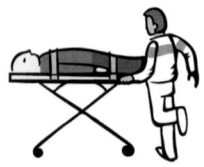

неотложный случай

emergência

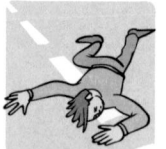

без сознания

inconsciente

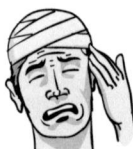

боль

dor

повреждение

ferimento

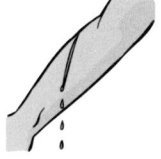

кровотечение

hemorragia

инфаркт

ataque cardíaco

инсульт

acidente vacular cerebral

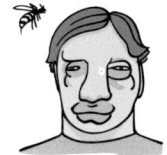

аллергия

alergia

кашель

tosse

овышенная температура

febre

грипп

gripe

понос

diarreia

головная боль

dor de cabeça

рак

câncer

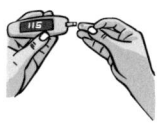

диабет

diabetes

хирург

cirurgião

скальпель

bisturi

операция

operação

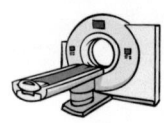

КТ

CT

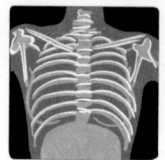

рентген

raio x

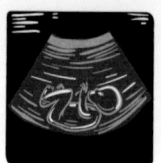

ультразвук

ultrassom

маска

máscara

болезнь

doença

приёмная

sala de espera

костыль

muleta

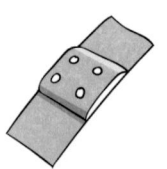

пластырь

bandeide

бинт

ligadura

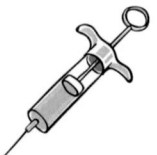

укол

injeção

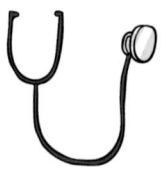

стетоскоп

estetoscópio

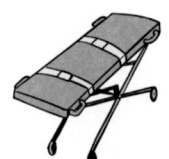

носилки

maca

термометр

termômetro

рождение

nascimento

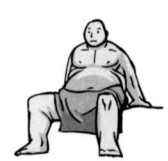

избыточный вес

excesso de peso

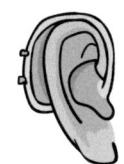

слуховой аппарат

aparelho auditivo

дезинфекционное средство

desinfetante

инфекция

infecção

вирус

vírus

ВИЧ / СПИД

HIV / AIDS

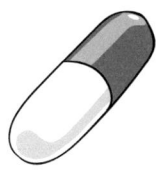

лекарство

medicamento

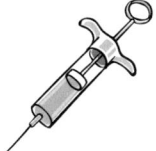

прививка

vacinação

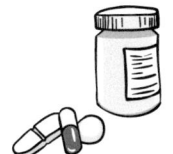

таблетки

comprimidos

противозачаточная таблетка

pílula

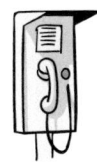

экстренный вызов

chamada de emergência

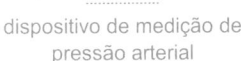

прибор для измерения кровяного давления

dispositivo de medição de pressão arterial

больной / здоровый

doente / saudável

Помогите! Socorro!	 сигнал тревоги alarme	 нападение assalto
 атака ataque	 опасность perigo	 запасной выход saída de emergência
 Пожар! Fogo!	 огнетушитель extintor de incêndios	 несчастный случай acidente
 аптечка maleta de primeiros socorros	 SOS SOS	 милиция polícia

Европа

Europa

Северная Америка

América do Norte

Южная Америка

América do Sul

Африка

África

Азия

Ásia

Австралия

Austrália

Атлантический океан

Atlântico

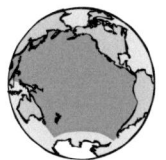

Тихий океан

Pacífico

Индийский океан

Oceano Índico

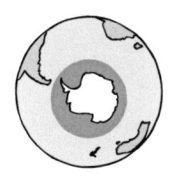

Антарктический океан

Oceano Antártico

Северный Ледовитый океан

Oceano Ártico

Северный полюс

Polo Norte

Южный полюс

Polo Sul

Антарктика

Antártica

земля

Terra

суша

terra

море

mar

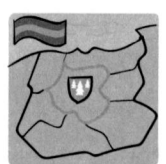

остров

ilha

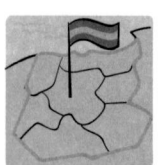

нация

nação

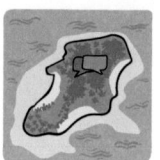

государство

estado

циферблат

mostrador do relógio

часовая стрелка

ponteiro das horas

минутная стрелка

ponteiro dos minutos

секундная стрелка

ponteiro dos segundos

Который час?

Que horas são?

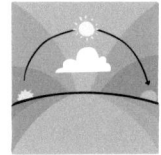

день

dia

время

tempo

сейчас

agora

электронные часы

relógio digital

минута

minuto

час

hora

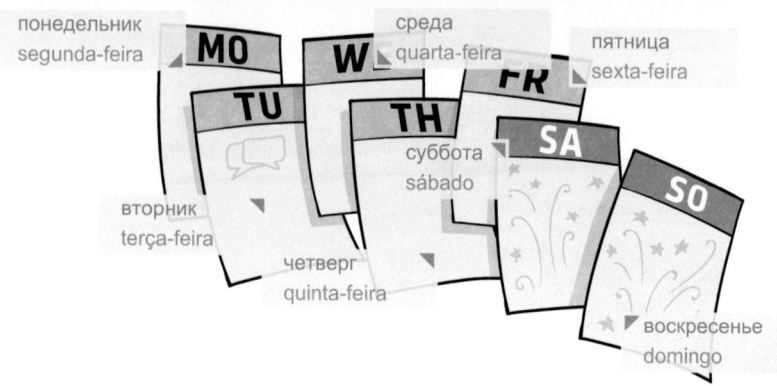

понедельник
segunda-feira

среда
quarta-feira

пятница
sexta-feira

вторник
terça-feira

четверг
quinta-feira

суббота
sábado

воскресенье
domingo

вчера

ontem

сегодня

hoje

завтра

amanhã

утро

manhã

полдень

meio-dia

вечер

entardecer

MO	TU	WE	TH	FR	SA	SU
1	2	3	4	5	6	7
8	9	10	11	12	13	14
15	16	17	18	19	20	21
22	23	24	25	26	27	28
29	30	31	1	2	3	4

рабочие дни

dias úteis

MO	TU	WE	TH	FR	SA	SU
1	2	3	4	5	6	7
8	9	10	11	12	13	14
15	16	17	18	19	20	21
22	23	24	25	26	27	28
29	30	31	1	2	3	4

выходные

fim de semana

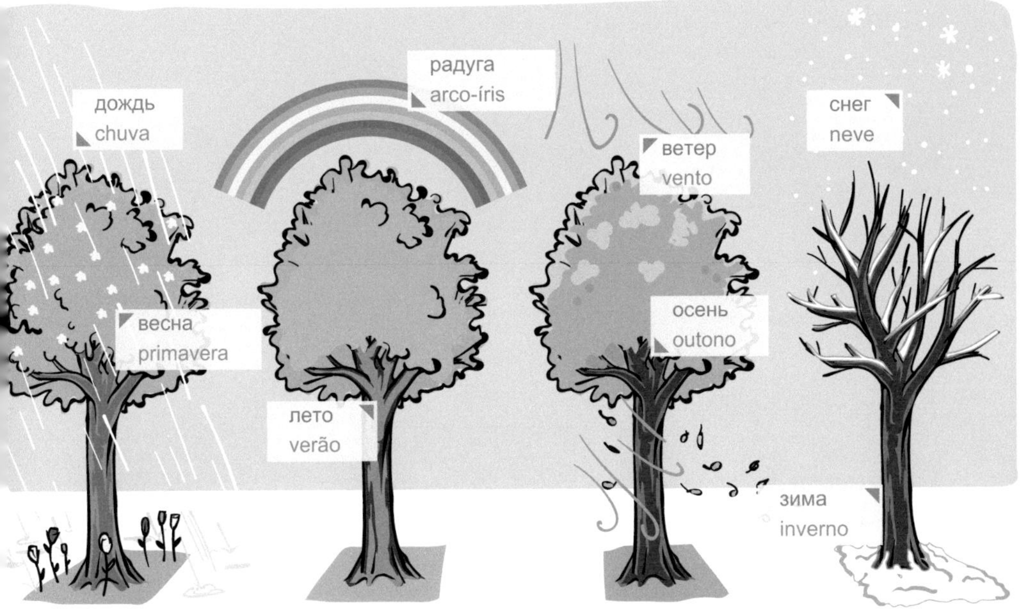

дождь
chuva

радуга
arco-íris

ветер
vento

снег
neve

весна
primavera

лето
verão

осень
outono

зима
inverno

4.APRIL	11°	☀
5.APRIL	4°	🌧
6.APRIL	13°	☁
7.APRIL	8°	❄
8.APRIL	10°	☀

прогноз погоды

previsão do tempo

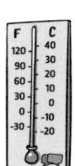

термометр

termômetro

солнечный свет

raio de sol

туча

nuvem

туман

neblina / nevoeiro

влажность воздуха

umidade do ar

молния

relâmpago

гром

trovão

буря

tempestade

град

granizo

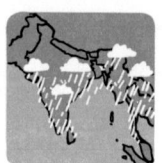

муссон

monção

наводнение

inundação

лёд

gelo

январь

janeiro

февраль

fevereiro

март

março

апрель

abril

май

maio

июнь

junho

июль

julho

август

agosto

сентябрь

setembro

октябрь

outubro

ноябрь

novembro

декабрь

dezembro

формы
formas

круг

círculo

квадрат

quadrado

прямоугольник

retângulo

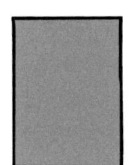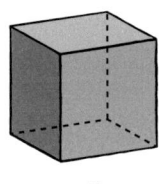

треугольник

triângulo

шар

esfera

куб

cubo

белый

branco

желтый

amarelo

оранжевый

laranja

розовый

rosa

красный

vermelho

лиловый

lilás

синий

azul

зелёный

verde

коричневый

marrom

серый

cinza

черный

preto

много / мало

muito / pouco

яростный / мирный

furioso / tranquilo

красивый / уродливый

lindo / feio

начало / конец

começo / fim

большой / маленький

grande / pequeno

светлый / темный

claro / escuro

брат / сестра

irmão / irmã

чистый / грязный

limpo / sujo

полный / неполный

completo / incompleto

день / ночь

dia / noite

мёртвый / живой

morto / vivo

широкий / узкий

largo / estreito

съедобный / несъедобный

comestível / não comestível

злой / дружелюбный

mau / gentil

взволнованный /
скучающий
entusiasmado / entediado

толстый / худой

gordo / magro

сначала / в конце

primeiro / último

друг / враг

amigo / inimigo

полный / пустой

cheio / vazio

твёрдый / мягкий

duro / macio

тяжёлый / легкий

pesado / leve

голод / жажда

fome / sede

больной / здоровый

doente / saudável

незаконный / законный

ilegal / legal

умный / глупый

inteligente / idiota

слева / справа

esquerda / direita

близко / далеко

perto / longe

новый / подержанный

novo / usado

ничто / нечто

nada / alguma coisa

старый / молодой

velho / jovem

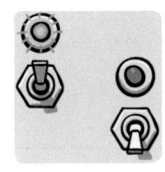

включено / выключено

ligado / desligado

открыто / закрыто

aberto / fechado

тихо / громко

baixo / alto

богатый / бедный

rico / pobre

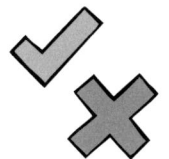

правильный /
неправильный
certo / errado

шероховатый / гладкий

áspero / liso

печальный / счастливый

triste / feliz

короткий / длинный

curto / longo

медленный / быстрый

lento / rápido

мокрый / сухой

molhado / seco

тёплый / прохладный

ameno / fresco

война / мир

guerra / paz

противоположности - opostos

0

ноль

zero

1

один

um

2

два

dois

3

три

três

4

четыре

quatro

5

пять

cinco

6

шесть

seis

7

семь

sete

8

восемь

oito

9

девять

nove

10

десять

dez

11

одиннадцать

onze

12

двенадцать

doze

13

тринадцать

treze

14

четырнадцать

quatorze

15

пятнадцать

quinze

16

шестнадцать

dezesseis

17

семнадцать

dezessete

18

восемнадцать

dezoito

19

девятнадцать

dezenove

20

двадцать

vinte

100

сто

cem

1.000

тысяча

mil

1.000.000

миллион

milhão

английский

inglês

американский английский

inglês americano

мандаринский китайский

chinês mandarim

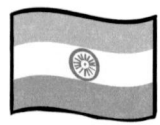

хинди

hindi

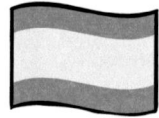

испанский

espanhol

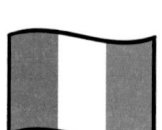

французский

francês

арабский

árabe

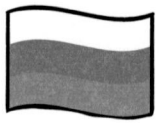

русский

russo

португальский

português

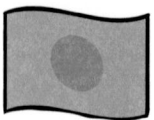

бенгальский

bengalês

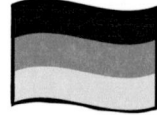

немецкий

alemão

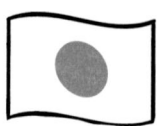

японский

japonês

я
eu

ты
você

он / она / оно
ele / ela

мы
nós

вы
vocês

они
eles / elas

кто?
quem?

что?
O quê?

как?
como?

где?
onde?

когда?
Quando?

HELLO, I AM

имя
nome

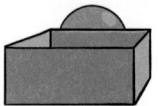

за

atrás

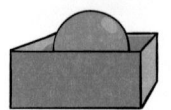

в

em

перед

na frente de

над

sobre

на

em cima

под

debaixo

рядом

do lado

между

entre

место

lugar